AF430562

Colección #104

«Paz»

★★★

A maury González Reyes

OASIS & ALAMBIQUE

PUBLISHING

Published by:
OASIS & ALAMBIQUE PUBLISHING CORP.
Miami, Florida
(c) 2020 Amaury González Reyes
~Colección #104: "Paz"
ISBN- 9798675640621
"Prohibited the total or partial reproduction of this book,
by any means, without previous consent of the author".

Esta Colección #104 fue finalizada en Miami, en el mes de enero del 2017.

TÍTULOS

1- <u>SOBRE MÍ COMO HOMBRE</u>

Yo no me fui de mi país para perder más de lo que he perdido. Lo único que me faltó perder en mi país fue la Vida. Y la iba a perder, como tantos familiares y amigos de una forma u otra la perdieron..., por circunstancias absurdas cuyas no son dignas de mencionar porque me revuelven el estómago.

Ya los caminos estaban cerrados. Los esbirros dictatoriales se ensimismaban sobre mi pensar. Me ahogaban y me marginaban con sarcasmo, desfachatez, ignorancia y envidia.

Era apenas un muchacho que no entendía lo que estaba pasando en su entorno. Quería crear, aprender, leer buenos libros, hacer la milicia de la Bohemia y no la de aprender a usar armas y meterme a quitar vidas humanas. Mi sueño era otro. Desconcertadamente, la Política se hacía el asco más terrible para el raciocinio.

Ahora bien, me fui de mi país, buscando un sitio donde ser acogido y me tomó años para alcanzarlo. También, crucé fronteras ilegalmente, fui polizón de aviones, detenido varias veces en distintos lugares y caí en una cárcel para, aun así, agradecerlo; a pesar de los meses del cautiverio, amar la libertad en el sitio que me ofrecía una nueva oportunidad y un nuevo recomenzar.

Siempre he pensado en eso: agradecer, agradezco y agradeceré siempre. Soy un simple hombre que lo tildan de loco, poeta, escritor, beisbolista, botón o políglota; y todavía, le debo agradecer eso a mi país de origen, al aborto que me hizo cometer hacia la emigración al costo que fuese, por tal de no morir en él.

Hoy llamo a la reflexión porque no me queda otra cosa que apelar a la pluma, al desahogo y pronunciarme con mucho respeto, aun cuando mi sensatez esté a prueba y no tenga una pizca de razón. Podré ser un cobarde por no haber enfrentado aquello hasta el final de mis días... Pero, lo mío no es luchar físicamente. Esa lucha es fácil de ganar y de perder. La lucha verdadera es la que se hace en Paz y llegando a la comprensión y no al egoísmo, ni quitando todo delante para ver mejor los propios intereses.

Imagino, que cada caso es diferente; cada persona vive su experiencia y la de "Sobrevivir" lo ven como una metáfora. Pero los reales sobrevivientes, sentimos en la médula la dificultad de lo que es poder vivir sin ser avasallados, sin tener más complicaciones que respetar al universo y ser agradecidos con el Creador.

No estamos aquí para armar más caos. Ya es suficiente con las drogas, el terrorismo, las enfermedades y miles de infracciones más que van en contra de nosotros mismos. Este hombre que soy, lo más simple posible, no salgo en defensa propia; porque a mí, lo mío no me preocupa, pero sí cómo va la negatividad apoderándose con odio, confusión e ira de la humanidad.

Repito, es sobre mí, pero no es personal. Es algo difícil de entender mi reflexión, y quiero hacerla contar por el hecho que sale un Sol a diario y una luna mensual; hay bosques y ciudades; un estilo holístico que es un renacimiento para renovarnos y crecer.

 Me quedo en esta reflexión, me alejo de lo que no es necesario entrometerme, y seguiré siendo el simple hombre que un día aun casi adolescente, tuvo que tomar una de las decisiones más drásticas, para cualquier ser humano: El Destierro.

Pd: «Respetemos y seamos agradecidos. Perder o ganar, eso no importa ya. Lo que importa es que nos podamos ayudar de la mejor forma posible unos a otros… Amor, Fe, Paz y Salud; de eso se trata vivir a plenitud. Lo demás, se lo llevará el viento en cenizas y mientras exista humanidad, pasarán dos cosas: Discordia y Felicidad. Yo opto por la Felicidad, porque la Discordia jamás me dio negocio».

2- <u>LINDAS</u>

Linda noche, linda luna
acompañan la madrugada;
esperando la mañana
al despertar el alba.

Linda noche, linda tú,
mujer emblema de magia;
canal místico para ver,
linda curva en el arcoíris
y linda dama te viste.

Linda noche, linda luna
de pañales entregados
al terráqueo húmedo;
linda tu piel mestiza,
linda es la mariposa
sobre tu frente.

Lindas son las almohadas
que acomodan tu alma;
linda noche que aclaras,
linda es la luna
de este noviembre contigo,
linda tú, ¡linda mujer mía!

3- <u>NO QUIERO QUE TE VAYAS</u>

Me estoy debatiendo
entre la vida y la muerte
como un héroe;
huelo a tu partida
y es eminente que me halas.

Soy un ser insurrecto,
tigre bengala de día y noche;
que recorre mi sangre
con ácido hirviente,
como torpedo
y abreviatura incomparable.

No soy fácil de domesticar;
león que ruge de lejos,
es león que mato
con mi lanza.

Y vos, princesa
que deporta el gobierno,
trabajadora incansable;
me llevas contra la pared
rompiendo tu estatus.

Sos un reto para mí,
me manipulas sin querer;
no sabes nada de ti,
por la pragmática pasión.

No quiero que te vayas,
es una ley de emigrantes;
pero la tierra es la misma
y la tierra será mejor,
si nos amamos en ella
en cualquier parte
que estemos.

Estoy furioso, indigno
y, sobre todo, rabioso;
vos tenéis que partir
y no quiero que te vayas,
para no sufrir por vos
el súbito desamparo.

4- <u>**DIVIDIDOS**</u>

Agarras mi mano
y mi piel se hace seda;
sé que tú cuerpo
y el mío se verán
en el unísono…
Nuestras mentes
se fundirán en una sola,
y volaré sobre tu amor
con las alas del Tantra.

Divididos estamos
por dos mundos
impensados;
dos cielos y dos lagos
que nos aclaman,
para enjuagarnos
en sus aguas la comunión,
de nuestros seres.

Nada me prohíbes,
nada yo te quito;
almas que besan
los labios del consuelo,
y una noche como esta,
una noche como esta
entiendo el romance,
no la división,
solamente la divinidad
de quererte tal y como eres,
y tu desinterés de aceptarme
tal y como soy.

No estamos divididos,
más bien reencontrados:
tú me buscas en ti,
yo te encuentro en mí.
Divididos por los demás,
por el universo cruel,
por los que piensan mal
y no saben amar.

5- <u>EXPLOTA TU POMPA DE JABÓN</u>

Llegó el momento de pensar y hacer lo que realmente se puede ser. Llegó ese clic que necesitaba para emprender el vuelo de mi libertad interior.
Te invito a que olvides la ambición. Analicemos lo que somos capaces de crear para ser felices a cada segundo: dormir, cantar, caminar, platicar, trabajar, cualquier cosa que hagamos, que sea a plenitud para estar vivos, presentes en el aquí y ahora.
No ver noticias negativas, sólo lo mínimo y necesario; ni más películas ficticias o de terror. Eso crea una especie de inseguridad, violencia y miedo innecesariamente en cada cual de indistintas maneras. Alejarse de ese mundo es lo más aconsejable.

La mente necesita a estas alturas un poco de silencio. Tanta tecnología y tanto desequilibrio social, étnico o cultural hacen que la mente no obre a favor del alma.
Vivir, sobrevivir, ambicionar y soñar son distintos verbos. "Yo vivo ahora, porque sobreviví ayer; ya no ambiciono porque me di cuenta de que ambicionar es una idea de carencia espiritual y de alejarse más del interior, buscando algo exteriormente que no te salvará jamás, de perder tu esencia. Y ya no sueño tampoco, porque tengo conciencia; el sueño era algo que me ayudaba a saciar una sed que no era ni siquiera la mía, además, de no ayudarme a descubrir quién era realmente. La conciencia fue la que me hizo aumentar la calidad de vida basado en lo espiritual, la reflexión, dejando atrás el temor y la incertidumbre de lo que no debía haber tenido y ser tan sincero, donde la verdad fuese mi oxígeno".

Os invito a que lean lecturas dignas de estudiarse para que les hagan crecer interiormente; escuchen música apacible, agradable, sin voces ni instrumentos demasiados estruendosos; como son las composiciones de relajación que no hacen ruido, únicamente sonidos ambientales para la exaltación de la libertad espiritual, para así silenciar la mente y poder meditar o reflexionar mejor.

Hagan que su economía esté basada en el ahorro; en esa pequeña ambición deben de estar enfocados, no en la "ambición común" que muchos adquieren y se hacen miserables y esclavos de sí mismos.

Consumir exclusivamente lo necesario; alejarse de las drogas, el alcohol, la nicotina, del trasnochar y ser bebedores de agua pura, pero no de sodas ni bebidas fermentadas.

La vida es un manantial divino, eterno, una ruta que nos ayuda a conducirnos hacia la eternidad, la paz, el amor, la pasión y la naturaleza.

Nos vamos y volvemos y algunas veces pasamos a otros niveles, tan inferiores como superiores.

La voluntad debemos de mantenerla intrínsecamente en el ser, en la mente y también en el cuerpo. Esa voluntad nos ayudará siempre a continuar existiendo a través de los siglos de los siglos. El tiempo no existe, recuérdenlo.

Es muy bello lo que os digo. Confiar, no quiere decir que no deban de dudar; pero sí tomen su espacio para experimentar y verán un ligero cambio en vosotros, que después le irán tomando el gusto y solos querrán seguir avanzando. Es un proceso de cavilación y una conciencia que lleva a ese nivel del Nirvana.

Explota esa pompa de jabón en la que muchos se cubren y viven dentro de ella.

Yo exploté la mía porque me di cuenta de que seguir mirando la hierba del vecino y pensando que la mía estaba grisácea y viceversa; cuando en realidad la mía, también es verde. Mi hierba es tan verde y buena como la de cualquiera; y ahora simplemente, cuido mi hierba y la amo.

6- <u>SER BRILLANTE Y HUMILDE</u>

¿Cómo se puede ser brillante por naturaleza y humilde a la vez?

He estado buscando esa respuesta en Google y en varios libros de sabios ancestrales y aún la mente interfiere. La meditación ayuda, el tercer ojo también, pero no hallo la forma práctica o mágica para mejor decirlo, que haga separar el ego de nuestra brillantez y dé el paso a la humildad como punto estricto a la omisión del yo soy, yo tengo, yo hago, yo estoy, yo disfruto, yo supongo, yo aspiro, yo pienso...

7- ¡AY DE USTEDES!

¡Ay de ustedes!,
los que no pecan.

¡Ay de ustedes!,
que el pecado lo ven mal
y el bien bendecido.

El pecado es saborear
la tentación y salir a liberar el alma
entre el bien y el mal.

8- <u>LOS AMANTES</u>

El rocío y la luna,
la ternura y el sol,
el celular y ella;
él..., la compañía.
La noche se escapa
y ellos presos.

Los amantes viven
con culpas y amor;
engendran ganas
que expiden deseos,
para controlar el cielo
e irse para las playas.

Conocer los amantes,
dirigirse al extraviado
sentir que impulsa
a lo carnívoro;
ella sin ella
y él sin él...

Los amantes irreales,
muertos en cuerpos,
le faltan el contacto
de las almas
que se enamoran;
pero ellos no saben,
son los amantes
y carecen de ser:
dos individuos.

9- <u>EN ESA MUJER QUE AMO</u>

En esa mujer que amo,
aparece la calma después de la tormenta;
en ella desemboca la reflexión antes del reclamo
y un nuevo día, me inventa.

No le regalé las orquídeas para amarla,
siempre la vi como era;
a su lado aprendí lo difícil de aceptarla,
para persistir desde el invierno a la primavera.

En esa mujer que tanto he amado,
cosecho palabras de amor, sueños rotos y vida;
desconfiar nunca fue un problema del pasado,
el presente fue la salida.

El romance no fue el plato fuerte,
ella y yo, conocemos el odio y la hipocresía;
con cada centímetro hicimos nuestra suerte,
a veces nos ha ido mal y otras, sólo es armonía.

En esa mujer que amo conocí el mundo,
la fragancia de alguien que no se falsifica;
con ella, lo original es simple y profundo,
en ella, la integridad califica.

Estoy en esa mujer que amo como dama,
hembra, madre, esposa, hija y toda ella;
sabe mucho de Todo y aunque no tiendo la cama,
pero duermo en su cielo, como una estrella.

10- <u>EMBRIÓN DE MI AMOR</u>

Si sólo fuese Hungría,
la apatía de un desarrollo;
yo vendría de algún modo,
a borrar de mi cabello
el alquiler de ella.

No soy un cernícalo
huevero por sus pechos;
a veces hablo bajito,
para que no oiga
el embrión de mi amor.

No quiero que me pase
igual que, con la eslovaca;
la conocí con su madre
y me prometió villas,
luego, mató el embrión.

Mi amor y amar son sutiles,
llenos de esencia mía;
el embrión tiene que crecer
y portarse bien, ella conmigo,
para amarla con amor y vivir.

11- <u>NUESTRO LAMENTO</u>

Cada luna es un bosque encendido
por verte con brillantez y fe;
un cazafantasmas escabullido
es el lecho cuando tú no esté.

Sin ti, me afeita la navaja
el lagrimal que brota del ser;
o soñar que no estás de rebaja
al precio de tu menester.

La publicidad caduca en la tele
y tú te quedas en el sofá;
escribo sin ojos hasta el desvele
que, si vienes, me desnucará.

Pues, te levantas de ese embeleso
y caminas por la casa como antes;
así yo podré andar por el cerezo
y seremos como nunca, amantes.

Te necesito bien, no desesperes
que vivo o muero contigo;
recuerda por amor soy y eres,
tú te recuperas conmigo...

12- <u>OTRO DÍA SIN ELLA</u>

Hay sobre las cejas una interrogación,
la divinidad no avanza si falta ella;
DIOS lo sabe, fue madre de su embrión,
la VIRGEN pura de su hijo y epopeya.

Otro día sin ella, aquí, allá o en el horizonte,
nosotros hermanos, partiremos a ciegas;
sólo es vegetación quien es del monte,
sólo harás bien si con el alma te entregas.

No se puede existir sin su amor maternal,
MARÍA, alta señora de la gracia divina;
aprendemos a perdonar el símbolo material
para ser humildes, pero, la fe camina.

Una madre conoce el sendero de todos,
una mujer confundida pierde el mundo;
la eternidad el hombre se la dio a modos
que, otro día sin ella, ganaría lo iracundo.

Vivir en la artesanía espiritual es prodigio,
nuestra patrona celestina está presente;
la experiencia religiosa no es de prestigio,
es que, con ella, el regocijo es excedente.

13- <u>90 MILLAS, 90 AÑOS</u>

Ciertamente, 90 años no son suficientes para sufragar millares de vidas a 90 millas desglosadas en tragedias, pánicos, desapariciones, tiburones, balazos, naufragios, encarcelamientos, peligros, acechos, repudios, muertes, fusilamientos, desuniones y, sobre todo, el subdesarrollo que era desarrollo antes del 1959, en el otro lado de las 90 millas. Mientras, a este lado de los supuestos "malos", de los que trabajan para un objetivo mejor y justo, hubo un desarrollo humilde a esfuerzo y sudor de extranjero; gracias a esas 90 millas infernales que hay que cruzar, para llegar a la tierra prometida o de libertad.

Son 90 años que pasaron como un ciclón categoría máxima desde 1926 hasta el 2016... Y no es que la numerología sea una ciencia para contar; pero, en este caso el 6 es por añadidura o coincidencia, porque sirve y encaja muy bien en la analogía.

Tampoco, es coincidencia que 90 años y 90 millas hayan separado tanto al mundo: Familias y amigos convertidos en enemigos hasta la muerte; expatriados, exiliados, personas sin identidad, idiomas diferentes, muchísimas confusiones, miles de deportaciones y lo triste del caso, todo embarrado por la peor mierda que existe: La Política.

Allá, a 90 millas hay un pueblo con hambre, no sólo del hambre de las tripas; está también el hambre de la paz, el aprendizaje de la vida común y la elección de ser quien se quiera ser, sin tener que adular a nadie para ganarse un puesto, o lo que sea en tu propio país.

Fueron 90 años que hubiesen sido meritorios como para decir: "La historia me absolvió" ... y no para confirmar: "Mi historia se jodió" ...

No importa ya, es vano cualquier cosa que se diga. El daño y los momentos son al instante… Aunque queden los residuos de los daños intrínsecos para siempre, en los genes que no hablan, en la gente que se ofusca y no sabe por qué… Ya no hay remedio. Ahí está una latinoamericana totalmente sumergida y hundida en una terrible lucha diabólica contra sí misma… Fueron 60 años asistiendo a la presencia hechizada de dictar tergiversaciones e inyectar veneno a todos como fuese; excepto, mirarse por dentro. La frase clásica de "divide y vencerás", no es en vano. Ahí, vuelven a surgir las 90 millas, la separación de muchos, el riesgo del mar, la prostitución, hacer lo que fuese y es necesario para escaparse.

El tiempo no existe, pero el dolor es algo que se cicatriza, pero la marca de este sigue viéndose a flor del alma.

Por ley de vida, las generaciones pasan y la vida es hermosa; pero existen siempre cosas que no podemos dejar pasar por alto, por respeto a esas almas que han sufrido, a esos antecesores que sí dieron sus vidas por las nuestras. Más respecto y cavilación sobre este acontecimiento de 90 años, y a la tragedia o solución de 90 millas.

Hoy parte el cierre de un capítulo importante de la humanidad. ¡Ya era hora!

No habrá nada de cambio porque la gente en general carece y padece de su propio sentido; todo dado a estos mismos acondicionamientos y a estos mismos especímenes, que les hacen a las masas estos fenómenos; ellos son dinosaurios sedientos y perpetuados en el Poder, con sus trillados discursos y filosofías egoístas.

Nadie necesita tener la razón, ni juzgar a nadie… Es sólo una reflexión entre 90 millas y 90 años, para tonificar indefinidamente, a las personas que no hallan un rumbo fijo en la sociedad.

PD: «Ojalá que haya luto en todas partes, pero no porque haya muerto alguien de 90 años; sino porque seamos capaces de aprender meditando y no esperando que venga otro a decirnos qué hacer, o esperando que nos lancen migajas para ser sobrevivientes y sumisos presumidos».

14- <u>EL TIPO QUE SOY SIN SER</u>

Yo soy un tipo capaz de ser incapaz, para ser quien no soy para el mundo. Es poco el tramo que transito entre la gente, para escapar de esa perturbación de ideas impensables, que están bien para una fiesta o un momento determinado. Creo que el tipo que soy escribe en castellano, pero no para las personas que entenderían mis escrituras. El tipo que soy sin ser, se ha convertido en el hombre ermitaño tal y como nació, y que se crio en el campo. Luego, el abandono a una edad temprana de mis padres. Un inicio de un extenuante peregrinaje que lo concluí en bohemia.

Por querer ser, he sido todo y he razonado que nada sería mejor. Comencé este diario con pocas ansias y con abulia. Tenía dudas si realmente valdría la pena vivir o haber nacido. Hoy no categorizo mi prematura madurez por las condiciones adversas con las que empezaba mi vida. Aprendí a volar sin tener alas, usé un avión; más tarde, varios más. La señal suprema llega cuando te enfocas en la existencia como una escuela. Aprendes que no estás solo en tu propio cuerpo. Había algo más que me mantenía en pie. Mi voluntad se afianzaba a lo que hoy soy, el tipo que soy sin ser; buscaba el rumbo al azar hasta que me lo tropecé.

Ha sido un viaje hermoso. Cuatro décadas fluyendo de mi ser, para convertirme en este tipo que soy, y sin ser lo que pensé que podría haber llegado a ser. Es mi secreto, el que tal vez, les cuente alguna vez.

15- <u>NO ME ENTREGO MÁS</u>

El Amor no fue algo que no disfruté, al contrario; es un sentimiento que guardaré y transcenderé más allá de la vida.

No me entrego más porque ya mi modo de amar no es igual, a como se amaba antes, prefiero guardar esa forma tradicional de las flores y los poemas, de lo que hacía vibrar mi piel y romperme el corazón por una dama. Lo superficial de cada Era, de cada modo, de cada estilo de vida y de cultura, no me encierra, sino que me libera de mi codependencia a otro ser...

He creído tanto que puedo sentir latiendo el verbo amar por dentro de mis venas, llenándome de regocijo hasta el descanso eterno y la tranquilidad mental; tan vital para vivir en la misma paz y felicidad codiciada.

No me entrego más porque ya soy bastante responsable como para no mezclar el arsenal de otras personas, con mi pequeño universo de cosas positivas y valores conquistados con arduo trabajo, sacrificio y voluntad carnal y celestial.

No me entrego más a la carne ni a las ideas de cambios abruptos e impensables.

Yo soy muy feliz partiendo de un desarrollo integral y convicción divina, que me señala que la mejor entrega es, al ser que necesita levadura para volar con las alas del bien y no contaminar el aire, ni dejarse contaminar así mismo.

16- <u>UN TIRANO DE SEIS DÉCADAS</u>

Hago hincapié en esto, porque ver pasar seis décadas de hombres y mujeres, machacados por un tirano sanguinario, es de un aliento sin consuelo.

Es independiente a todos esos energúmenos, (que no son pocos); como es natural una vez más se pone de manifiesto la infección tan grande que hay en las masas y la abulia transcendental que existe en la muchedumbre, la cual carece de tanto sentido que comúnmente, no lo tiene común. Este tirano inhumano, falaz, traidor, matarife, ladrón y adiestrador para aprendices malandrines y mediocres desde que ejerce, y pretenden apoderarse del poder y perpetuarse en el trono, cambiando constituciones y mintiendo y arrastrando a los pobres a un convencimiento peor del que ya viven. Así los pierden en las falsas promesas de la materia, los utilizan descarnadamente y les hacen perderse aún más, para que no hallen ni su salida espiritual.

Un tirano en seis décadas ha hecho tanto mal, ha confundido a tanta gente y ha incitado al mal; a convertirse en un espécimen depravado y lleno de instintos criminales por tal de salirse con la suya.

17- <u>QUIERE CONOCERTE Y ES CASADO</u>

Él quiere conocerte y es casado,
ama a su mujer;
pero tú le gusta también...

Él es un hombre
de gran corazón;
un trabajador impecable,
no es capaz de decirte
lo que cualquier otro,
te diría para engañarte.

Él sólo quiere que sepas
su deseo de conocerte;
porque sabe que no puede
tenerte a su lado,
ya que eres buena
y a la vez,
quiere tener la oportunidad
al menos,
de ser tu amigo.

Él quiere conocerte y es casado,
no hay nada malo en eso;
la amistad es también
una forma de amarse.

Entiende su deseo,
sus ganas de tener tu número;
telefonearte y preguntarte,
cómo fue tu día...
Enviarte un texto,
compartir sus fotos en Facebook
y tus cosas;
él sólo quiere que seas,
su amiga incondicional.

18- <u>SI YA ME ENAMORÉ</u>

No me vuelvo a enamorar
si ya me enamoré;
para qué voy a dejar
lo que siempre amé.

Vivo enamorado y contento,
no tengo que volver a sentirlo;
porque desde adentro siento,
que amaré hasta expedirlo.

Si ya me enamoré,
no necesito complicarme;
la necesidad de amar sacié
cuando ha sabido amarme.

19- <u>ESTUVE CON ELLA</u>

Estuve con ella
como si fuese un marino;
y de puerto en puerto
estuve codiciando a otras.

Ella, era especial, las otras,
no le daban lirios a mi amor;
me podía ilusionar con facilidad
y demostrarme como amante.

Estuve con ella
y ninguna de las demás me amaron;
solamente, lo supe después...
Cuando ya era demasiado tarde.

Me miré en sus ojos plateados
bajo estrellas de mares;
y la luna dueña de nuestras noches,
me hicieron calentarla más.

Estuve con ella
enloquecido una etapa de mi vida;
y la distracción de Casanova,
me hizo ignorarla, amándola.

20- <u>MIS LETRAS, TUS LETRAS</u>

Dejé recuerdos empacados, en mi corazón por ti,
me mudé de pueblo hacia el laberinto del Olvido;
intentando rescatarme, para sacarte de mí,
porque sabía, que, llegabas de lo Prohibido.

Aquella noche no pude evitarlo, me amabas
y yo te di la paz, en tu alma sobre la mía;
buscaste el regocijo del hombre que anhelabas,
me descubriste en tu anhelo de Virgen María.

Mis letras se convirtieron en tus letras de amor,
no queríamos lo que sentíamos pero lo hicimos;
yo bajé, nuevamente, a tu jardín, para oler la flor
que me tatuaste, con escritura de lo que quisimos.

21- <u>QUIERO AMARTE LIBREMENTE</u>

Quiero amarte, quiero sentirte,
nadar por tus líquidos como luz,
atenderte como se atiende a una mujer
en la vida de un caballero;
dejar de distraerme con todo
menos contigo...

Quiero ser tu amor eterno,
tu pasión abierta al universo;
cantarte poesías, no aburrirte,
llenarte la despensa de comida,
que no te falte nada por estar a mi lado.

Quiero quererte tanto que me ames,
no por imposición, no por materia,
pero quiero que vivamos nuestro idilio,
la receta de Amar tal y como es;
que salgas con tus amigas,
que tengas tu Facebook lleno de gente
y que los celos, no habiten en ti.

Quiero amarte libremente,
como ama el árbol a su raíz,
anhelarte conmigo y no echarte de menos
si te alejas al trabajo o para ver a tus padres,
que nuestros hijos corran felices
y que la familia venga en Navidad;
que todo nos suceda por amor,
y quiero que escuches tu corazón
antes que tu mente, te dañe el sentir.

22- <u>CÓMO</u>

Cómo extraño tus senos del pasado
en mi boca del presente;
tus manos tocando mi corazón
y el invierno sentado en tus piernas,
yo, besando cada miniatura de ti,
caminando por las calles nuestras
con nombres de héroes y celebridades.

Cómo sueño sin ti y contigo
sobre el balancín del sillón de los recuerdos;
tu cabeza en mi hombro inflamado
de pesas y gimnasio, con gente y sudor,
y tú, desprendida, ausente en la boleta
de mi elección por amante habitual,
y me encantaría volver a amarte.

Cómo pasó el desencuentro de tu cuerpo
con la basílica de mi alma postrada;
yo era tu caballero, tu celular en rojo,
porque me dabas el salmo de vida,
sin protesta referida para acariciarte
y no podíamos hacerlo, eras menor,
y todavía yo lo era más que tú, y te amé.

23- <u>**LO QUE HE APRENDIDO HOY**</u>

Hoy he aprendido que lo que no me gusta de la vida es que me deja morir; que me dejará en los brazos de la muerte. Por eso visité a dos doctores, y espero resistir un poco más con esta felicidad ambigua que me retiene de cualquier distracción, para poder continuar con mi aprendizaje.

Hoy he aprendido que en el transcurso de los sucesos se me encima la preocupación inconsciente, pero quitándole importancia a todo, se recluta el placer de respirar dándose uno cuenta que no vale la pena preocuparse por cosas inútiles, por pensamientos infundados ni por el gran negocio de alcanzar el estrés. Quedarse en paz en tu centro, te garantiza vivir la verdadera vida y la consciente verdad.

Hoy he aprendido que las situaciones que nos suceden de momentos inesperados o súbitamente; es decir, todo a la misma vez, trae más tarde el anticipo de una corrección mejor de lo que nos aconteció cuando pensamos que era algo terrible estas situaciones aglomeradas. Ya entendí que, aunque por muy mal que me haya ido ayer, ya mañana va a ser distinto y que todo cambio es para bien.

Hoy he aprendido que la prisa no conlleva a parte alguna a no ser al mismo sitio donde comenzaste. A veces se sabe mucha teoría, pero la práctica no se lleva a cabo. Es muy filosófico decir o parafrasear sin ingerir el verdadero significado intrínseco, de esa acción que deberíamos realizar.

Hoy he aprendido que el sueño que tuve y que nunca realicé, en realidad era el objetivo del intento conceptual del humano. Ya sólo me van quedando momentos vagos que los sustituyo con la quietud de mi mente y rebaso casi todos los obstáculos con un método muy importante y poco chovinista: "el de mantenerme alejado de lo que me pueda perturbar mi PAZ tanto mental como espiritual".

Hoy he aprendido a cultivar mi herencia nuevamente. Mirando un serial de Australia desde las montañas de Alaska comprendo mi necesidad inmediata de reconectarme con la fuente esencial de mi materia y origen. Los aborígenes me han dado una lección cuando no han perdido al menos su baile. A mí me sucede lo mismo, no perder mi ritmo biológico ni anular la realidad que vivo. Sólo mantendré un balance apropiado para escurrirme entre el pasado y el futuro y vivir en el presente.

Hoy he aprendido que la salud pasa con los años a un punto más importante que cualquier otra cosa. Sobre todo, ahora, que el estrés y el invento contra natura está a la orden del día, es mejor estar al margen de algunas improvisaciones para no sufrir de dolores en el alma posteriormente.

Hoy he aprendido de lo equivocado que estaba respecto a lo que es la amistad, a lo que es la camaradería. Los pasos del día a día me enseñan que por mucho que haya pensado que conocía a cierta persona, era que no me había confundido mi instinto; pero la mente, la lógica absolutista que nos doméstica, nos hace no creer en nuestra intuición.

Me da tristeza, pero la humanidad misma muchas veces nos hace apartarnos y ser más selectivos con las personas que debemos interactuar. Uno aprende, es parte del desarrollo de la vida. Hoy aprendí a ser más desconfiado y darme más reserva para mí mismo.

Hoy he aprendido a recibir la gracia de vivir en el silencio que tanto he practicado. Se siente diferente cuando dejas que la sucesión de un día tras otro nos ayude a reencontrarnos en esos vacíos equis que hemos sentido y que, por falta de tolerancia, nos perdemos por unos minutos. Regresa la paz que necesito para continuar viviendo, porque cuando me desespero, muero antes de tiempo y tengo que volver a renacer y eso me cuesta una vida más.

24- ¿DÓNDE ENCONTRARTE?

Estás en ti, mariposa en metamorfosis,
vas allá, con tu alfombra de rock;
con tus mangas de rocío para buscarte...
Pretende el cielo ocultarte de mis ojos;
el vendaval no quiere traerme tu aroma
para no hallar en el aire, tu presencia.

Sigo corriendo como espuma que se evapora,
y en nada ni nadie, puedo encontrarte;
te escondes para darme mendrugos de amor,
o para no llevarme, a tu espacio...
Cazador de versos soy, de poetas ebrios,
con el padecer de locura transitoria sin vos.

¿Dónde encontrarte? Le pregunto a Dios,
y la respuesta es que eres otra ya,
otra mujer que me robó tu amor;
yo, al principio, no lo aceptaba, pero ya sí...
Hoy quiero encontrarte, y perdóname
si no te perdoné, pero aun, te amo igual.

25- <u>AMO A LOS ESTADOS UNIDOS</u>

Amar es una palabra utilizada sutilmente y en realidad, es un verbo... Para los que no saben qué es un verbo, es acción; la acción de amar es fundamental en lo que se lleva adentro, en lo que se siente.

Amar a una nación es igual que, amar a alguien muy importante en nuestras vidas, casi como se ama a una madre y, por supuesto, el amor de madre es insustituible. Aunque, el amor a una nación es sentido como un padrino que te acoge y te protege; te ayuda a desarrollarte y hace que nazcan y crezcan tus hijos como deben crecer: con felicidad y preparándose para la vida; en aras de una mejor generación.

Hago esta introducción para dejar mi testimonio bien claro, como siempre lo hago, porque mis escrituras están basadas en vivencias, reflexiones y sentimientos.

Cuando digo que: *"Amo a Los Estados Unidos"*, es porque al transcurso de los años, me han enseñado cuán generosos son los americanos.

Estados Unidos es un Imperio, el cual ha sido construido por americanos descendientes de emigrantes y por diferentes colonizadores, y no por americanos nativos, que vendrían siendo -los indios-. Estos emigrantes que tampoco hallaron sitio en sus propias tierras y decidieron la aventura de la vida o la muerte, llegaron a América. Todos amaron convertirse en americanos y formar parte de este gran país, llegando desde siglos y siglos atrás, desde todas las latitudes del planeta; y así constituir una cultura, una amplia diversidad en UNA SOLA NACIÓN.

En lo personal, sé que nadie y menos los regímenes son perfectos, pero agradezco a este país adoptivo que me abrió los abrazos, cuando ninguno de los otros diecisiete que intenté, me dieron la oportunidad para recomenzar mi vida en paz y con prosperidad.

Entonces, ¿por qué no amarlo? Si le debo lo que soy y tengo en esta vida terrenal; además que, en él, conocí finalmente la elevación espiritual… Lo amo juiciosamente, como se puede sentir regocijo por la paz interior.

Los comunistas acomodados, defienden una causa porque los favorecen, y los gobiernos corruptos los adoran aquellos que se benefician de sus estafas. Por tanto, si quieres ser artista, político o lo que sea, en esos gobiernos totalitarios, tienes que arrodillarte ante ellos. Y, aun así, fingir algo que no eres. Es deshonroso, porque sé también que muchos no son así, ni no todos tenemos las mismas actitudes y capacidades. Únicamente, en este momento, puedo exhortar a la reflexión, a través de mi Pluma.

Estados Unidos no es lo más perfecto para muchos, sobre todo, los que no están preparados para jugar en las Grandes Ligas; porque aquí se juega en GRANDE. ¡Si no fijaos a cuantos estómagos y cuerpos visten en el mundo entero, los americanos! Y también a cuantos países invaden por alguna causa de intereses económicos, pero al final, les deja el Poder a esos pueblos... Y lo triste de esto, es que muchos de esos mismos que utilizan la amabilidad de esta generosa Nación, critican descarnadamente; mientras, resuelven el hambre de familiares en sus países.

El odio y la envidia exterior sobre los americanos, los que llegamos un día aquí de verdad, para ser americanos; los que aprendimos el idioma mucho antes de llegar aquí, los que soñábamos con vivir una vida con futuro para nuestros hijos y poder sacar de las penurias a nuestras familias; son los americanos desmoralizados, únicamente, con verborrea patética e impotencia, y cuando lo atacan, sólo lo hacen con los inocentes, porque les falta el valor necesario para enfrentar el ejército. Saben que es la nación más potente del mundo, lo acepten o no.

Yo exhorto a todos aquellos que vivan en Estados Unidos que, si no están a gusto, simplemente, se regresen al sitio donde nacieron o que se vayan a otro país; ¡de seguro que les irá mejor!

Ahora bien, hay algo que la muchedumbre no entiende, y es que el Marxismo confundió demasiado al mundo. Es lógico, el trabajo es lo único que nos hace desarrollarnos, y cuando hablo de DESARROLLO, hablo de tener una voluntad inamovible como la fe en Dios.

Amo a Los Estados Unidos y agradecido por lo que me ha entregado, por haberle salvado la vida a mi padre, por ser el país que, si me caigo, me puedo volver a levantar y con la frente en alto, continuar aprendiendo y desarrollándome cada día.

Yo, para lo que no lo saben, pertenezco al Partido Republicano. Sé que muchos se confunden con mi humanidad, pero no soy hipócrita. Ser humano es diferente a tener que decidir por un partido político. Así que nadie se confunda sobre mi posición política. Digo esta retórica, porque la política no se puede evadir. La política está presente y afecta directa o indirectamente a todos.

Así que esa ignorancia de decir que no nos metemos en política, es un absurdo ruin y evasivo; sería como asegurar que el sol no sale nunca y, sin embargo, tenemos que exponernos al mismo diariamente.

Amo a Los Estados Unidos y si alguien se siente ofendido, no es mi intención; tampoco quiero que me aplaudan, es sólo mi experiencia y como vivo precisamente aquí, donde existe la libertad de expresión, tengo el derecho de desahogarme y decir lo que es y siento.

Estuve bajo la administración Obama por ocho años. Jamás estuve de acuerdo con él, mucho antes de ser elegido; pero, volvemos a recalcar que esta es una gran Nación y se respetan todos los derechos. Y, Obama era un símbolo necesario para dejar un capítulo atrás y enigmático, sobre que, los afroamericanos no salían de presidentes.

En resumidas cuentas, ya pasaron ocho años y tenemos un nuevo presidente que se merece el mismo respecto que Obama recibió.

Trump, yo no lo prefería para mi Partido; quería a Jeb Bush, pero Trump ganó. Ahora, es el presidente y, además, el ganador de mi Partido.

Sé que las cosas no serán buenas para los que no se conducen bien con sus destinos; pero sí, les irá bien a los que están posesionados para actuar como es debido.

No podemos esperar tampoco que nadie y menos un presidente, nos cambie nuestra vida. La vida puede ser cambiada de adentro hacia afuera, no desde ninguna otra parte…

Amo a Los Estados Unidos, simplemente, por esa simple razón, que, como individuos, podemos desarrollarnos tal y como somos y queremos ser.

26- <u>UNA NOCHE LARGA</u>

Quizás, a esta noche larga
le falte las entradas
a los cines de tu vida,
a la vanguardia de mis tentáculos
a tu corazón...

Quizás, a esta noche larga
le falte el fuego que no enciende
tus caderas;
porque mi amor
no emprende su camino
de peregrinaje hacia tu alma.

Quizás, a esta noche larga
le falte tu espacio en mi Cuerpo;
la extensión exacta de quererte
como tú me quieres,
y yo no pueda darte
lo que se necesitas para hacer,
esta noche más corta e importante.

27- <u>PARA NO PERDER A ALGUIEN QUE SE AMA</u>

La única forma real de amar a alguien
es no poseyéndolo y dejándolo tenerse así mismo.
Cuando alguien vigila y no confía en el otro,
realmente, se está engañando que ama;
porque, de hecho, no se está amando así mismo.
La única manera de perder a alguien
es quitándole su ser, su capacidad de existir,
de entregarse sin impedimentos ni desconfianza.

Deja a quien amas que se tenga, se disfrute,
se goce con lo que desee, ¡que sea él o ella!
Pero deja que todo el amor sea un florecimiento,
una alborada que ilumine los senderos juntos.
Jamás quieras controlar por amor a nadie;
el amor no es eso, ese es el concepto que le dan.
El amor va más allá de los celos, la manipulación,
y toda la materia que pueda existir en el universo.

Para no perder a alguien que se ama
recuerda que no lo puedes poseer;
inclusive, tienes que estar seguro
que no te lo estén haciendo a ti también,
debes de identificarlo, saber que hay amor.
Pero veo que el problema está radicando
en que no se está teniendo amor;
y lo sustituyen con cualquier otra necesidad.
Hay que tener mucha paciencia con el amor,
para que aparezca ese intrínseco sentir
que deja estar todo como está
y a la vez, más elevado que nunca.

28- <u>CANDYLEIN</u>

Un tesoro me encontré
cultivado en tu piel;
eres la misma chica de ayer
más encantadora del edén,
Dios te creó para adorarte
Candylein…

Tu sonrisa me alcanzó
para desviarme el destino,
verso puro de tu alma me diste,
y caminamos juntos desde entonces
por el mismo camino.

No hay fuego que encender,
es geometría tu integridad;
amarte es un menester
incansable hasta la eternidad.

Felizmente Candylein
estás viviendo conmigo;
felizmente casado estoy y poseído
de tu vida con la mía…

Felizmente yo soy Caín y estoy contigo
desterrado, pero jamás arrepentido
porque en ti he hallado, el amor,
tu amor, Candylein.

Hoy tenemos una familia de primera,
tú serás para siempre la gran mujer,
la reina de mi colmena
y todo mi ser para ti será,
Candylein.

29- <u>SÓLO PUEDO SER YO</u>

Que nadie sea injusto con mi vida,
me la paso saltando de flor en flor,
como abeja que quiere llenar su panal
y voy libando los labios de cada mujer,
extrayendo la miel de sus bocas.

Sólo puedo ser yo negociando días
por noches con desvelo y digo algo:
así de ternura lleno y de amantes viví,
cuando el fuego de la juventud me dio,
casi todo, menos, el país que tengo.

Sólo puedo ser yo cantando baladas
y escribiendo poemas para casadas;
damas inocentes que necesitan existir
con el amor que llevan y no se lo reviven,
como este bardo que soy de romántico.

30- <u>AMAR A TU AMOR DE AMANTE</u>

Vas en la colina que el viento empuja,
tras la ventana del corredizo
o cuando una taza de té empuñas;
yo así, puedo amarte, descompaginada,
erguida en el cuello de una jirafa
o en la metamorfosis de amar a tu amor.

Igual que tú, estuve yo en el pasado
como un gran por ciento de personas,
que ni siquiera se aman ellas mismas
y creen así, poder amar a otros.

El amante no es lo que se dice que es;
el amante es alguien que ama
desde el fondo de un precipicio
o hasta la textura del ser.

Yo sólo puedo amarte en la oscuridad
cuando nadie ve amanecer...
Caminar entretejiendo tus sueños
tan ilusorios como los míos;
sólo así, entonces, yo puedo amarte.

Amar a tu amor de amante es crear,
sentir el camino de la libertad individual,
reconocer que hay un Dios en tu interior;
amar a tu amor de amante es vivir
en la presencia eterna, del Sentimiento.

31- QUIERO SER UN PERSONAJE

Quiero ser un personaje
que no escriba por escribir;
tampoco mudarme a una casa
donde me sirvan la cena con ganas,
de no compartirla conmigo.

Quiero ser un personaje
lleno de actuaciones,
pero de la vida,
no las de Hollywood;
un personaje capaz de todo,
menos, morirme amándote a ti.

Quiero ser un personaje
sin copias y seguimientos;
imbricarme en las tejas de tu ciudad
para pasar desapercibido,
cuando a otra ame y no sea a ti.

Quiero ser un personaje
para apodar a mi perro como Mío,
fuera de tus caprichos manipulados;
adaptarme a ser un gavilán en el aire
volando confinado por su libertad,
y no por las garras de tu posesividad.

32- ¿POR QUÉ TE ME VAS?

¿Por qué te vas cuando más te quiero?
Ahora, que los vecinos
se llevan bien entre ellos,
y los toreros están a punto de morir.

¿Por qué te vas cuando deseo que te quedes?
Sobre todo, en estas madrugadas azuladas
y llenas de matices por vos.

¿Por qué te vas a Río de Janeiro sin mí?
Una azafata hermosa
y viajando en un vuelo,
sin adoquines de oro,
sin peldaños para un Streep-tease.

¿Por qué te me vas?
Sufriré la amarga pena y desconsuelo ingrato,
de sentir que no estás;
que falta tu voz en las noches
y la luna regalará su luz,
porque ya no va a querer alumbrarme,
si te has ido...

33- <u>AMARTE SIEMPRE, SERÁ SIEMPRE</u>

Todavía, no despierto del amor que me das,
tu curiosa forma de tocarme es como el primer día;
tal parece, que la vida retrocede en vez de escaparse,
y cuando estoy contigo, divido el universo en dos.

Amarte, no es un sentido impropio de un hombre,
mi intención no es de poseerte como mujer esclavizada;
amarte siempre, creo que es algo, que no deje irse,
no por mi mente o engreído, es por mi corazón.

Sentir tu amor, no es tenerte atrapada a mi lado,
es un vuelo ligero que no se retrasa y llega a tiempo;
es vibrar de emoción, porque sabiente que te amo,
amarte siempre, será siempre, porque estamos libres.

34- <u>SIN TÍTULO</u>

Cuando decimos "cosas" sin enmarcarlas dentro de un título, sería más factible que hacerlo, encerrando ideas hacia un rumbo avisado, donde va a desembocar su desarrollo. Es como decir que: ~Guerra avisada no mata soldado~... Pero el enigma en nosotros, la excursión de una narrativa se llena más de búsqueda cuando se le oculta un poco el contenido.

A partir de ahora, en esta Era de Iniciación y lectura visual, saturada con videos e informativa, haré un cambio en mi expresión.

Sin título, es una forma básica de dejarle al lector una materia provocativa para leer, un conocimiento mejor examinado, que darlo ya a masticar...

Hay un punto por aclarar y, es cómo saber empezar y cómo concluir un tema que abarque el sentido intrínseco de la sublevación; desatándose el mensaje que se quiera enviar y pueda llegar con un final inesperado, aunque sea disoluto.

35- <u>**FRAGMENTOS DE MI BOHEMIA**</u>

Tengo ganas de no hacer nada, sin ocasión de hallarme en la multitud. Esta materia orgánica sin descomposición que soy trae la trayectoria de tus besos Negra, y la enjundia de Paula; aquella piba argentina que tanto la enloquecí y yo no me enteraba, a pesar de lo bien que estaba. ¿te acuerdas Rubia?

Si pudiera reencarnar en alguien, preferiría ser José Martí, sólo para reescribir esa frase: ***Ser Cultos para ser Libres***. Con esas simples letras, la Pobreza se echa a volar y las preocupaciones se convierten en soluciones. Aunque, después que trabajo, nunca me ha faltado el dinero. ¡Y uno que era tan vago! -Dime, con quién andas y verás en quién te convertirás-.

Afeitarse con cuchillas sin buen filo, duele tanto, como una tortura sadomasoquista… A mí me pasó, en la Bohemia que sostuve con el destino, y caí preso en Puerto Rico; pero paupérrima fue la inexperiencia, porque salí con más calidad que cantidad. Y aun no puedo, no es lo que es. No es la calidad, es la cantidad y como cantidad, no es lo que es la ~calidad~. ¿Me explico?

Hay dos versos que salen del alma: -Mujeres que, como otras, no dejan morir de hambre y hay un negocio en el Sáhara donde venden palmas; mientras, podemos comer las ostras con los estambres en cualquier tasca de España.

Fui tan bohemio como un lobo en la tundra, tan engreído que sólo puede escribir novelas y embalsamarme con mi propio excremento. Ah, eso sí, logré una familia rescatar, la misma que había dejado y construir una nueva, después de mi bohemia.

36- <u>LOS ANTAGONISTAS</u>

Nosotros, todos, somos antagonistas de un modo u otro. No nos interesa lo que sienten los demás; no nos preocupamos por sus heridas que no cicatrizan, aun cuando las ocasionamos con palabras, frases o doctrinas que queremos imponerles.

No tenemos respeto, sufrimos nuestros propios dolores y hacemos hasta lo imposible, porque aquellos que no lo han sentido, lo tengan que sentir también.

El prójimo es un antagonista de nuestros ideales, un ser misógino y lleno de defectos que lo vemos peor muchas veces que nosotros mismos; pero la ceguera que contamina el antagonismo incita a que sigamos siendo los antagonistas de nuestra misma especie, familia, raza, etnia o el grupo del tipo que sea, porque ser antagonista es el estilo de vida que ha adoptado la humanidad. Desde religiones, políticas, comercios y todo lo que encuentre un ser humano por delante, existe el antagonizar.

37- <u>SOY ESCRITOR, NO DICCIONARIO</u>

El que no duerme no sueña. El que no descansa no vive. El que no mira, tropieza. Nadie se puede dar la mano con otro, si ambos no la estiran.

Soy escritor, no diccionario… Tengo la función de buscar significados de los hechos que examino o protagonizo en mi vida, más que de las palabras.

Si piensas, mide tus pensamientos. Si pides, ten cuidado con lo qué es. Si quieres olvidar, primero trata de recordar porqué deseas hacerlo.

Soy escritor, no diccionario, un monstruo en la materia de obviar y un angelito a la hora de crear una mentira impune. Y cuando haya palabras que no entiendan, o frases que escriban, recuerden recurrir a un diccionario.

38- <u>UN POETA QUE TE AMA EN NAVIDAD</u>

Situación fatal,
no hay un poste eléctrico ni un antifaz...
Alejada de mí, estás más cerca
y una poesía azulada resalta mi amor,
el vientre de la primavera espera,
porque un poeta te ama en Navidad,
un segundo de pensamiento sobre ti
me representa todo el año.

Te extraño tanto como aquella Navidad
cuando yo era tu poeta en Europa;
tu príncipe encantado y tu verso loco.
Yo sigo amándote en Navidad,
prendido a la hendija de cada poro tuyo,
agazapado al Metro de Londres,
aficionado a recordarte cada Nochebuena
como un viejo a su juventud.

Hoy es dos de enero, del dos mil diecisiete,
y la pregunta no brota de mi alma;
porque la respuesta siempre la he tenido:
~Te abandoné por pendejo e idiota,
y no quise casarme con una reina como vos;
apenas era tu príncipe tonto y sin encantarte,
un poeta que sólo te ama en Navidad~.

39- <u>AMIGA QUE CONOZCO</u>

Ella me resalta el brío de la amistad,
el buque que encierra el místico deseo
de aquellos que nos acompañan;
amigos que desconocemos que nos piensan
y nos extrañan aun, sin conocernos en persona.

Vemos unas imágenes de unas fotos virtuales
e intuimos sus corazones desde la distancia,
para obrar con fe en la amiga que nos atiende,
nos saluda amable e incondicionalmente,
donde prendemos una nueva llama de Fe,
donde dejamos las traiciones del pasado
de falsas amistades, aprovechadas
de nuestra sed de cariño y amor al prójimo.

Esta amiga que conozco vive en Tampa,
una amiga que me apoya y me da aliento
cuando a veces el cansancio del laburo,
no me alcanza para tener fuerza para escribir;
pero ella, la amiga que conozco, desde allá
descifra la manera más exacta de levantarme
y hacerme sentir útil, al menos,
para exprimirle unos versos más a mi musa…

Por ella, he escrito este poema,
a la amiga que conozco,
aunque sea desde lejos…
¡Gracias por lograr esto en mí!
A veces necesitamos esa persona
a altas horas de la madrugada,
que nos aliente a continuar
siendo un motivo de creación,
de la índole que sea.

40- <u>**BALADA DEL RICO POBRE**</u>

Tengo un apartamento con dos luces,
una guitarra que no sé tocar,
un abdomen que no se reduce
y unas ojeras de carnaval...

Tengo menos ideas que antes,
un sartén sin uso y oxidado,
indeleble el Quijote de Cervantes
y dos litigios con el Jurado.

Hace tanto que no me encuentro solo,
que no me siento a ver el televisor;
y mi travesía de Marco Polo
es la decadencia de mi control.

Tengo un radio sin emisoras,
un perro sin dueño,
la vecina no sé si hombre o señora,
y todas mis riquezas las empeño.

Tengo la mala costumbre de acostumbrarme,
una foto de mi ex que me mira;
me sobran ganas para cansarme
y la economía me intriga.

Hace tanto que me acompaña la soledad,
la mejor de todas, la que pronto aparece;
es el símbolo de las cosas y la amistad,
es el maldigo número trece.

41- <u>COMPARTAMOS EXPERIENCIAS</u>

Me gusta que compartamos experiencias, porque la vida con experiencias se hace más rica y acorta la ignorancia a un punto, de hacernos más duchos y felices de estar vivos.
Sentirse Feliz, realmente es la verdadera Felicidad; sentirlo sin motivo, es ser totalmente FELIZ.
Nada tiene que ver de dónde vengamos, si nos limpiamos las manos con la santidad del universo; enriquecidos por lo que cada cual puede aportar para él.
Deja que el río se vaya a donde está el mar; así debes dejar que floten tus preocupaciones, suposiciones y dilemas... Aunque dicen que no preocuparse es de tontos; pero yo digo que dejarse arrastrar por el agua, es más sano y prudente, que no quedarse batallando en contracorriente.
La vida tiene dos caras: la positiva y la negativa. Cada cual decide cuál es la que quiere vivir. Si nos enfocamos en la negativa viviremos agonizando y sin ver la otra cara de ella. Si aceptamos todo y vemos la parte positiva, el resultado será el mismo que espera Dios en nosotros: La Felicidad.
Compartamos experiencias, vivamos unos con otros abonando lo mejor que podamos de sí mismos a los demás; para vivir a plenitud en un planeta que nos pertenece, es la herencia que dejaremos a las próximas generaciones, e inclusive, en nuestras próximas reencarnaciones también nos servirá.

42- <u>**ES PRONTO PARA TU AMOR**</u>

Esta colina de hielo que derribo por ti,
me hace reconocerte como amante mía;
pálida como una avenida sin gente allí,
donde camino desperdiciado con otra tía.

Es causa y efecto, sabiendo que estás,
y me aprisiona tu amor por inseguridad;
es pronto para ignorar si mañana vendrás,
aunque prefiero aferrarme a la curiosidad.

Has aparcado tu amor frente a mi ventana,
jugaste a la pelota con el niño del vecino;
me has hecho pedir un préstamo por lana
para ver si logro, encajar en tu destino.

Es pronto para tu amor pero no para el mío,
porque el mío se enamoró del tuyo primero;
antes de tú verme bajo aquel árbol sombrío,
e inmediatamente que te vi, desespero.

Así estoy, cazándote, evitando la prontitud,
y debo ser precavido con tu amor por amar;
descubrir que me amarás bajo esa exactitud
sin fallar, contigo, o de perderte sin esperar.

43- <u>HUYO DE TI</u>

Soy un errante mortal
cuando piensas
que desaparezco;
desasociado a tu vida,
a no comprometer
ni un centímetro
de la mía, contigo...
Por donde vas
es invierno para mí
y verano para ti;
el telescopio y telepatía
nos miran muy bien
en la simpatía que tenemos,
el mundo único
que sentimos alejado
y cercano, en los dos
espiándonos.

Huyo de ti
por la ley de atracción,
la misma consecuencia
de no apoyarme
a ese presentirte raro,
de saber, de no tenerte
y a la vez, estás aquí…
Me vas tocando
con un roce de seda,
el nidito de mi corazón
y le haces el oso,
y me da temor y huyo;
porque nunca nadie
me ha tocado como tú,
ahí adentro,

en esa parte tan sensible
que poseemos para amar,
para sentir y vivir.

Huirte no es un rechazo,
es una defensa
de mi alma con la tuya;
un recubrimiento
de mi libertad que posees
y por mucho
que me aferre a ser libre,
tu aislamiento me lleva
hasta donde resides,
hasta la quiromancia
de latirte conmigo…
Huyo de ti
y como lo quieras ver:
por cobarde o no gustarme,
pero no es nada de eso;
yo diría todo lo contrario,
pero pasa que es
mucha la compañía
que me provees,
e imagino si estuvieras
presente, como de cuerpo,
nos desapareceríamos
de verdad y literalmente.

44- <u>PAZ Y LIBERTAD</u>

Pescando en el mar donde vive la Paz, es como se halla esa Libertad ansiada; lo sé, porque fui a pescar a ese mar, cuando nadie me pudo ayudar y ni siquiera veía un faro pacifista, anunciándose entre el oleaje de mi vida. Pero, no soy como nadie, y por eso doy los datos de la dirección a tomar, para alcanzar la Paz y la Libertad. Ambas se toparán al unísono; aunque, primero, aparecerá una y luego, llegará la otra.

Hoy, el festín es grande e intenso en mi alma. Vivo en Paz y disfruto la Libertad de una forma absoluta, en un estado quo envidiable por mí mismo, el que jamás pensé que se podría experimentar.

Silenciando la mente, dejando que todos los vientos pasen sobre ti, acertarás la Paz y la Libertad; son el tesoro más descomunal que puedes encontrar en esta tierra, en lo intrínseco de ese cáliz llamado: ~Cuerpo~. Ahí, se oculta tu verdadero elixir.

45- <u>APARECIDA EN ELLA</u>

Te pareces tanto a ella,
que eres tú misma;
cada vez que te comparo,
siempre termino en tu aro
o en el grado de su carisma.

Te pareces tanto a ella,
que no te creas que escapas;
porque tu forma de ser
es exacta a la de esa mujer,
que conmigo la atrapas.

Te pareces tanto a ella,
acopiando sus señas
concebidas por tus gestos,
y somos ermitaños funestos
que a nosotros nos preñas.

OASIS & ALAMBIQUE
PUBLISHING

www.ingramcontent.com/pod-product-compliance
Lightning Source LLC
Chambersburg PA
CBHW031333130726
47988CB00007B/3104